AF229985

APPEL AU ROI.

APPEL

COMME D'ABUS

AU ROI

LOUIS-PHILIPPE,

Ils font cesser de vivre avant que l'on soit mort.

LA FONTAINE.

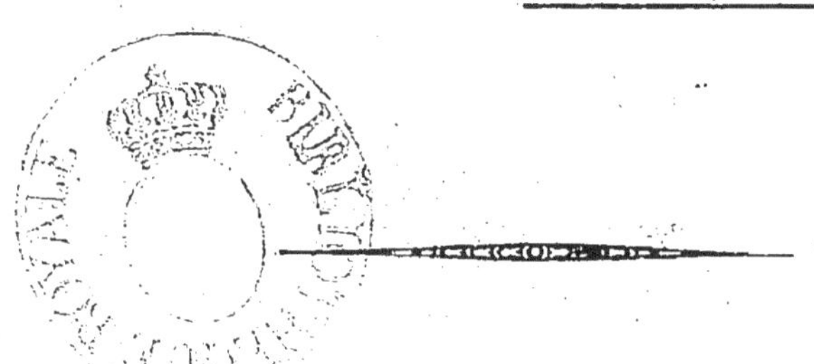

AU MANS,

DE L'IMRIMERIE DE MONNOYER.

NOVENBRE 1832.

Au Mans , le 20 novembre 1832.

Monsieur le Rédacteur ,

Me serait-il permis de porter à votre connaissance la copie ci-après de ma requête à Sa Majesté Louis-Philippe , avec invitation de vouloir bien lui donner prochainement une place dans votre Journal. J'en accepte personnellement toutes les conséquences.

Agréez , Monsieur le Rédacteur , l'assurance de la considération distinguée avec laquelle je vous prie de me croire votre très-humble serviteur,

PLINGUET ,

Ancien Ingénieur de la maison d'Orléans.

APPEL

A LA PROTECTION DU ROI.

Sire ,

Je me trouve dans la nécessité d'avoir recours à la protection de Votre Majesté, parce que depuis que la Charte existe en France, et depuis que la liberté y règne sous l'empire des lois, personne, que je sache, ne s'est vu dans la position critique où je suis. Voici, en abrégé, le détail du motif de ma démarche auprès de Votre Majesté.

Plusieurs placets qu'avant et depuis votre avénement au trône j'ai dû prendre la liberté respectueuse d'adresser à Votre Majesté, ainsi qu'à l'auguste princesse, sa sœur, sont démeurés sans résultat et sans réponse. J'en tire la conséquence que mes dépêches sont mises à l'index, et qu'elles sont détournées de leurs destinations respectives. La récalcitrance a pris un caractère tellement prononcé que, pour me faire entendre de vos personnes illustres, il ne me reste plus que l'extrême et dernier moyen de la presse périodique.

Je viens donc, Sire, exposer très-humblement au Roi des Français que j'ai, contre la succession du prince, son père, des droits liquidés et reconnus par un acte en forme à l'exécution duquel l'administration du Palais-Royal se refuse depuis treize ans et trois mois. En substance, un payement de 20,262 fr. 85 c. que la succession d'Orléans s'est obligée à me faire, les 9 et 10 juillet 1819, n'est pas terminé de l'heure qu'il est, et je suis encore créancier de 17,073 fr. 81 c. échus le 12 octobre dernier. Les preuves en fourmillent : elles sont largement et péremptoirement développées ,.

1.º dans le Prélude à mes Réclamations, du 1.ᵉʳ février dernier; 2.º dans un Mémoire à consulter, du 2 juillet; 3.º dans une Requête toute spéciale que, le 25 août, j'ai pris la résolution d'adresser à vous-même.

L'affaire que j'ose soumettre aux méditations consciencieuses de Votre Majesté roule sur une ladrerie dont l'inexplicable silence du Palais-Royal fait suinter la dégoûtante oppression du plus fort contre le plus faible. La mauvaise foi dont on s'arme en tapinois est émerveillable, elle fait frémir le sens commun. L'agence de la succession qui manœuvre pour me déshériter à votre profit ne peut pas nier me devoir les 17,073 fr. 81 c. dont il s'agit ici, sans nier, par contre-coup les règles fondamentales de l'arithmétique. Nier cette dette, ce seroit se mettre en contradiction-flagrante avec un rapport officiel qui la consacre, et qui l'avoue : ce seroit démentir, à la fois, les registres de la Cour des Comptes, et le livre de caisse du Palais-Royal. Si, dans les mémoires que j'ai publiés contre cette déloyauté repoussante, il y avait une phrase, s'il y avait un mot qui ne fut pas de la logique la plus serrée, comme de la plus rigoureuse exactitude, ceux qui malgré vous, Sire, et malgré moi veulent vous instituer mon légataire, et vous transporter l'héritage de mes enfants, n'auroient certainement pas manqué de saisir l'occasion de ces mémoires énergiques pour me poursuivre en calomnie. Cette diversion leur eut été précieuse, mais elle n'était pas en leur pouvoir. Loin donc de prendre l'attitude grande et ferme qui convient aux dépositaires de la confiance d'un haut et puissant seigneur, ils ont accepté, sans mot dire, les vérités fort désobligeantes que j'ai dû leur faire publiquement entendre en represailles de leur déni de justice. Or, laisser sans réplique aucune les deux mémoires et la requête que j'ai publiés depuis neuf mois ; n'avoir, pour repousser mes accusations, d'autre moyen que celui de se taire tout plat, et de n'y pas répondre, c'est avouer l'impuissance de les démentir; c'est se tenir pour battu ; c'est avoir mal compris la dignité de la maison régnante; toutes les nuances d'opinions se réuniront pour le sentir. Pour en finir de ce grand et odieux procès d'argent, votre administration n'a plus à prendre

que de deux partis l'un, ou celui de me faire publiquemeut suc-
comber sous le poids d'une instance en calomnie; ou celui de rentrer
dans les voies de la probité, en me payant, sans ziz-zag, le mon-
tant intégral de mes créances. Or, l'action en calomnie est impos-
sible dans l'espèce. Me payer, c'est le nœud gordien; la difficulté
est là toute entière; *hoc opus, hic labor !* En effet, comment oser
confesser au prince le plus honnête-homme de son royaume que,
par une spéculation beaucoup plus qu'usuraire, on n'a pas encore
éteint, en octobre 1832, une créance que ce prince avait expressé-
ment ordonné que l'on acquittat, *hic et nunc*, et de ses deniers personnels, en juillet 1819?

Par un contraste bizarre, la liquidation de ma créance, en vertu
d'un acte passé devant Cristy, notaire, à Paris, les 9 et 10 juillet
1819, part de tout ce qu'il y a de plus haut (je veux dire de votre
personne auguste), pour descendre à tout ce qu'il y a de plus bas
(je veux dire à l'imposture et à la mauvaise foi). — Par l'acte
susdit les héritiers d'Orléans ont reconnu me devoir un capital de
20,262 fr. 85 c., pour solder celui de 58,845 liv. 16 s. 4 d. auquel
ont monté mes avances de fonds à l'effet d'un nouveau réglement
de coupes dont j'ai été chargé dans les forêts de votre apanage.
Ensuite de ces prémisses, l'acte articule que, de vos deniers personnels, fournis par votre caissier, la succession paye le capital
sus-désigné de 20,262 fr. 85 c., pour solde de toutes mes créances.
C'est à partir de cette dernière clause que, sans respect pour les
nobles héritiers au nom desquels on contractait, on a forfait à
l'honneur. La disposition qui consacre le *quantum*, la forme et le
mode du payement à me faire n'a reçu son exécution que dans le
rapport de deux à cinq. Quant au payement intégral de 20,262 fr.
85 c. ordonné par Votre Majesté, il est arithmétiquement démenti
par le livre de caisse du Palais-Royal qui n'en fait aucune mention.
Il est pareillement démenti par un rapport du liquidateur, en date
du 19 mars 1828, (j'en parlerai plus loin). Il est enfin démenti par
les registres de la Cour des Comptes, journal 40,898, N.º 11,778,
d'où il appert que d'une inscription de 604 francs, N.º 43,339,
troisième série, appartenant à Votre Majesté, il n'a été distrait, à

mon profit, le 12 juillet 1819, qu'un coupon de 400 fr. de rente perpétuelle, au principal de 8000 fr.; et que les 204 fr. de rente qui complettaient l'inscription prémentionnée de 604 fr., sont restés dans votre trésor. Il est donc hors de doute qu'en s'annonçant comme allant me payer 20,262 fr. 85 c. qu'on reconnaissait me devoir, on avait, *in petto*, la volonté préméditée de ne me donner qu'une rente de 400 francs, sans plus, puisqu'on l'a déchiquetée d'une inscription de 604 francs. C'est un guet-à-pens de finance dans toute la force du terme.

De ce qui précède il résulte très-évidemment, Sire, que les dépositaires de votre confiance, à l'effet du payement à réaliser, ont fait main basse sur les trois cinquièmes de ce qu'ils avaient à me payer par ordre de Votre Majesté. Ils n'ont pas rougi de faire un *rapiamus* de 12,262 fr. 85 c. pour grossir la masse de vos millions aux dépends de mes centimes. Oui, Sire, de son fait et de sa volonté purement personnelle, l'ancienne agence de la succession, par la frauduleuse exécution qu'elle a imposée à l'acte des 9 et 10 juillet 1819, a produit cet effet déplorable qu'un acte fait et passé de bonne foi, au nom des deux héritiers du feu duc d'Orléans, se trouve être ultérieurement entaché du crime de faux, en écritures authentiques, crime sévèrement punissable aux termes de l'article 146 du Code pénal.

Si l'agence qui a fait un si périlleux écart était sans crainte et sans remords; si elle ne se sentait pas écrasée sous le poids de la violation qu'elle a commise d'un acte en forme, elle n'hésiterait pas à rompre le silence dans lequel elle se renferme. L'existence bien constatée d'un pareil acte est devenue, pour cette agence, une chose éminemment fâcheuse : elle voudroit pouvoir le plonger dans un éternel oubli. M. Oudard a eu la prudence de s'en taire dans sa réponse du 10 novembre 1831. Il me dit seulement : « Quant à l'objet de votre réclamation sur la maison d'Orléans, je « ne comprends pas que vous reveniez sur une affaire entièrement « terminée par le rapport de M. Hutteau-d'Origny, en date du « 19 mars 1828, d'après lequel vous touchez une annuité de « 600 francs. » Par cette locution, M. Oudard avoue très explicitement que l'acte a été sophistiqué puisqu'il n'a fait qu'ébaucher l'affaire de ma créance qui, selon lui, n'a été entièrement terminée que par un rapport du 19 mars 1828. Ainsi Votre Majesté a manifesté sa haute volonté que l'affaire de ma créance contre la succession du Prince, son père, fut irrévocablement coulée à fonds par l'acte des 9 et 10 juillet 1819 : Pourtant M. Oudard n'attribue ce qu'il appelle son entière terminaison qu'à un rapport du 19 mars 1828. Il est donc clair comme le jour que l'acte n'a été que fractionnellement exécuté, et que, pendant les huit ans et huit mois qui se sont écoulés (de juillet 1819 à mars 1828), ma position a été non définie, et non déterminée. Or, elle ne l'est pas davantage aujourd'hui que dans ce temps-là. Le bon sens décide qu'elle ne peut l'être que par l'accomplissement religieux et radical de l'acte des 9 et 10 juillet 1819 que l'on a tronqué sans pudeur. Si cet acte n'était pas défloré et souillé par l'occasion qu'il a fournie d'un détournement manifeste de 12,262 francs 85 c. au profit de Votre Majesté, M. Oudard me l'opposeroit à coup sûr, au lieu de s'embusquer derrière un rapport hors-d'œuvre du 19 mars 1828. Au surplus, ce rapport que M. Oudard feint de regarder comme le juge définitif de ma cause, et comme le régulateur de mon avenir ; ce rapport sur les dispositions duquel je n'ai été ni appelé, ni contradictoirement entendu, (circonstance importante à savoir) ; ce rapport, on a porté l'abrutissement et le cynisme de l'arbitraire jusqu'à m'en refuser une expédition que j'ai vainement demandée par acte extrajudiciaire du 9 avril dernier.

En voilà, Sire, plus qu'il n'en faut pour faire comprendre à Votre Majesté par quels chemins raboteux il a fallu passer pour amener les choses où elles en sont aujourd'hui. Dans leur courte carrière, les hommes, ces machines pensantes, sont le jouet de l'illusion et de l'erreur. Les rois croyent ne consulter que des agneaux, mais les renards en prennent souvent la forme à leurs yeux. Le décompte qui figure, page 49 du Prélude à mes Réclamations, et page 29 de mon Mémoire à consulter, établit invinciblement qu'à la date du 12 octobre 1831, et sous l'autorité de la foi jurée, les forêts de votre apanage me doivent 17,073 fr. 81 c. qu'à

votre insu les organes de la succession paternelle se refusent à me
payer. Ce capital m'appartient aussi régulièrement, et d'aussi
franc jeu, que vous appartient le sang qui coule dans vos veines.
Je crois à la probité du roi des Français comme je crois à la succession des jours et des nuits. Il m'importe donc que Votre Majesté
soit personnellement informée de ce qui arrive, et j'ai voulu m'y
prendre avec la franchise qui fut toujours un des besoins de mon
âme. A la date du 17 septembre dernier j'ai donc mis à la disposition de votre conseil privé douze exemplaires de la supplique dont,
le 25 août, j'ai pris la liberté très-humble d'adresser le manuscrit
au Roi lui-même, en invitant chacun des membres de ce conseil
à vous éclairer de son avis sur la matière. Or, le conseil ne m'a
pas repondu; ma démarche n'a été qu'un coup d'épée dans l'eau.
Ce n'est pas tout. M. Octave Borrel, sous secrétaire des commandemens de la reine, a été instruit de l'état des choses par un de ses
anciens condisciples en droit. Il a répondu, le 4 août : « Je n'ai
« point examiné à fonds l'affaire de M. Plinguet; je ne dois même
« pas le faire ; le conseil privé a prononcé. Ses décisions sont
« dictées par un esprit d'équité dont on ne saurait douter, pas
« plus que des lumières de ceux qui le composent. Elles doivent
« être pour moi un *article de foi*. » — Ainsi donc, malgré qu'au
nom des nobles héritiers d'Orléans, en juillet 1819, M. Borrel de
Bretizel ait stipulé dans l'acte contre la mutilation duquel je
réclame, ce magistrat est aujourd'hui mon juge, en tant que premier membre de votre conseil privé : Il n'aurait pu prononcer en
ma faveur sans prononcer *ipsò factò* contre son propre ouvrage.
De plus, et par déférence pour la décision de son père, le sous-
secrétaire des commandemens de la reine adopte cette décision ; il
opine du bonnet; il répond à son correspondant qu'il ne doit pas
examiner mon affaire à fond, et que la décision rendue est pour
lui *un article de foi*. — Sire, votre sagesse consommée n'hésitera
point à réprimer ce luxe d'extravagance. Le dévouement que l'on
doit aux intérêts financiers de votre auguste famille n'est pas
incompatible avec les lois immuables du for-intérieur. Voltaire l'a
dit, et je le sens trop, ce qu'on appelle la justice est, parfois, aussi

arbitraire que les modes. Je dois à ma famille, je dois à beaucoup de considérations du premier ordre de ne point accepter les décisions mystérieuses d'une administration dont les membres (quelques-uns, du moins), sont si peu soigneux de leurs devoirs.

Sire, d'après l'exposé qui précède, je dois, pour cause de suspicion légitime, recuser les administrateurs qui sont saisis de mon affaire. Elle intéresse la sécurité des transactions, et la probité publique ne saurait y être indifférente : c'est une affaire dont la mauvaise odeur n'échappera pas à cette conviction morale dont la puissance se sent mieux qu'elle ne peut se définir. Dans l'état où sont les choses, il n'y a que Votre Majesté qui puisse être mon arbitre. Jupiter ne dédaigna pas de partager un brin d'herbe entre quelques fourmis, a dit La Fontaine. L'équité seule fait fleurir les cités; vous m'entendrez donc comme le sénat romain a entendu *le paysan du Danube*. L'honneur d'avoir servi la maison d'Orléans avec des succès immenses, et des frais énormes, ne m'a valu jusqu'ici que d'avoir été, pendant dix mois, emprisonné pour elle, en 1793, et d'être, depuis la restauration de 1815, ruiné par elle. Les archives du Palais-Royal font foi que par les grands travaux d'art et d'aménagement que j'ai successivement fait exécuter, comme ingénieur des princes vos père et grand-père, je suis parvenu à augmenter de 173,761 francs le revenu annuel de vos forêts de Montargis et d'Orléans, (augmentation mémorable que Votre Majesté recueille de l'heure qu'il est). 17,073 francs me sont encore dûs pour solder les travaux générateurs de cette brillante prospérité; mais on veut confisquer ce reliquat de compte au profit de la maison la plus illustre et la plus opulente du Royaume. On veut à la fois fouler aux pieds l'honneur et la reconnaissance. C'est sonner le tocsin de l'infamie! Votre Majesté ne le souffrira pas.

Sire, d'après l'ensemble des faits qui viennent d'être soumis à Votre Majesté; d'après votre livre de caisse; d'après les registres de la Cour des Comptes, et par surabondance, d'après le rapport incidentel de M. Hutteau-d'Origny, vous statuerez en parfaite connaissance de cause que jamais le caissier de votre maison n'a versé, ni de vos deniers personnels, ni d'aucune autre façon quelconque le capital de 20,262 fr. 85 c. qui devait l'être le 10 juillet 1819, au lieu et place de l'inscription de 400 francs qui l'a été le 12 du même mois. Je conclus donc à ce qu'il plaise à Votre Majesté :

Attendu que dans le décompte définitif précité, il est fait distraction des sémestres qui m'ont été comptés de l'annuité viagère à laquelle je ne prétends rien, puisqu'aucune mention n'en est faite dans l'acte qui oblige la succession, à mon égard ;

Attendu que la fidèle et littérale exécution d'un acte paré ne doit subir aucune modification, à moins que ce ne soit du libre consentement de toutes les parties :

Ordonner, 1.º que l'annuité viagère de 600 francs que l'on a mal-à-propos fait intervenir dans le mode de payement de ma créance, est déclarée nulle et considérée comme non avenue à moins que votre gràcieuse Majesté ne juge à propos de la maintenir à titre de munificence, au-delà de mon payement intégral : 2.º que l'acte par lequel les deux nobles héritiers du feu prince le duc d'Orléans se sont constitué mes débiteurs recevra, de suite, sa pleine et entière exécution par le versemeut immédiat des 17,073 fr. 81 c. qui sont encore à me payer pour solde de tous comptes.

Sire, depuis l'époque reculée où j'eus l'honneur de rencontrer chez le prince, son père, le tout jeune duc de Chartres, mes vœux ardents ont suivi ce prince-modèle dans toutes les périodes de sa carrière laborieuse, comme duc d'Orléans, et comme roi. A ce dernier titre, votre grand cœur est le sanctuaire où les cœurs français ont le droit naturel et nécessaire d'épancher leurs griefs. J'y dépose les miens avec confiance : J'en attends la noble et complète reparation avec la sécurité que m'inspirent tant de vertus publiques et privées qui recommandent l'illustre chef de la maison d'Orléans à l'amour comme à la vénération du pays. Que Votre Majesté soit donc l'arbitre de mon sort, qu'elle daigne vouloir que je n'aie point en vain exposé mes droits à la judicieuse équité d'un monarque dont les principes sont prononcés pour, qu'en toutes choses, la raison finisse par avoir raison.

Avec des ennemis aussi puissants et aussi formidables que le sont, par leur position sociale, ceux qui conspirent ma perte, la liberté de ma personne peut fort bien ne pas être mieux assurée que la possession des 17,073 fr. 81 c. qui me sont dûs. Voilà, Sire le double motif de mon recours à la protection personnelle de Votre Majesté.

Je le repète, Sire. Les mémoires en plainte que j'ai successivement publiés, les 1.er février, 2 juillet et 25 août de cette année, n'ont fourni matière à aucune objection. Les faits que j'y articule n'ont été démentis ni directement, ni indirectement; il y a eu calme-plat de la part du Palais-Royal. OBMUTESCIT PRAVE. Si dans ces mémoires j'en imposais le moins du monde, je serais horriblement coupable; il faudrait faire peser sur ma tête l'inflexible rigueur des lois. Si, au contraire, j'ai dit vrai, ma cause est jugée. Je demande donc à Votre Majesté, que justice soit faite. — 17,073 fr. 81 c. me sont dûs, à l'insu de Votre Majesté, à partir du 12 octobre 1831. Devant Dieu et devant les hommes, je sollicite, auprès de votre personne sacrée, le payement intégral et définitif de cette créance.

Je suis avec la plus profonde vénération,

SIRE,

DE VOTRE MAJESTÉ,

Le très-dévoué, très-humble

et très-fidèle serviteur,

PLINGUET.